FLEURS EN LOUANGE

J'ai examiné cet ouvrage
et, l'ayant apprécié,
j'en encourage la publication.

Fr. Jean-Marc THEVENET
abbé de Tamié.

frère Didier
moine de l'Abbaye Notre-Dame de Tamié

FLEURS EN LOUANGE

4e édition
10e mille

Editions Saint-Paul
1989
Paris — Fribourg

ISBN 2-85049-412-7

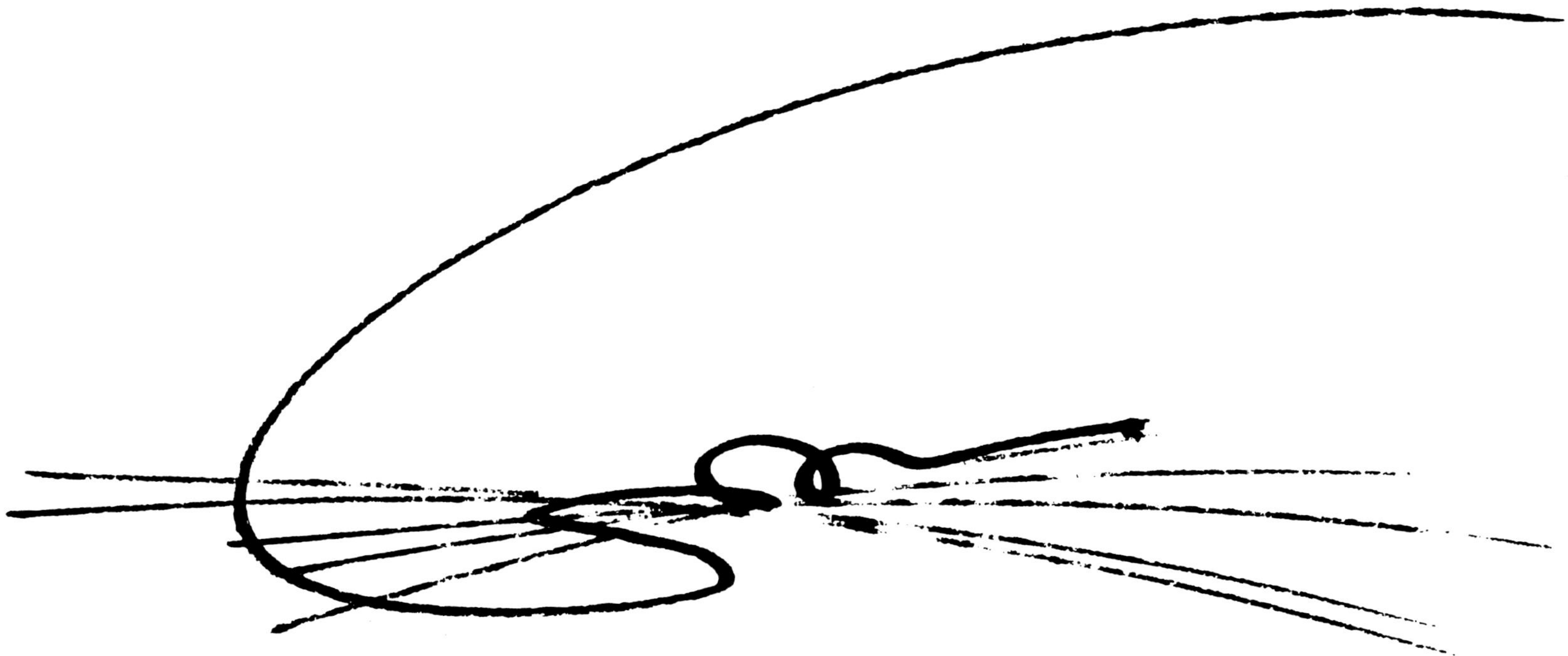

Les arts ont une grande importance

pour la vie de l'Eglise...

Que les nouvelles formes d'art

soient reconnues par l'Eglise;

et qu'on les accueille dans le sanctuaire

lorsque par des modes d'expression

adaptés et conformes aux exigences de la liturgie

elles élèvent l'esprit vers Dieu.

Concile Vatican II
Gaudium et Spes 62

introduction

Un de mes frères en vie monastique aime à songer à ces fleurs de montagne que personne ne verra jamais, sinon Dieu, écloses pour Lui seul, louange à Dieu... Voilà notre direction... A nous de participer à cette louange de la création, à nous de l'humaniser, de la dilater et de la transmettre, à nous d'entrer, par simple regard sur la beauté ou par la réalisation de compositions florales, dans le mouvement de l'accueil et du don, mouvement de l'amour, vie trinitaire et eucharistique. Ce livre est donc un livre de prière.

Si tu as fait tes premiers pas vers quelques fleurs ou si tu commences aujourd'hui à marcher sur la terre florale, si c'est toi qui m'as dit: «J'ai prié avec tes fleurs», ce livre est pour toi, pour que tu puisses prolonger ta prière.
Tu peux faire de chaque page un jardin de méditation... Donne du temps, donne du silence, demeure... pour reconnaître et découvrir. J'ouvre la porte; à toi de parcourir le chemin. Tu entendras et tu verras – tu pourras naître – si tu emportes avec toi ces petites graines de tendresse qui inaugurent l'éternité.

Si tu aimes ou aspires à magnifier la nature par le geste de la composition, et si tu veux devenir toi-même louange tout en créant, ce livre est aussi pour toi. Ne va pas manquer l'une ou l'autre des trois étapes de l'art floral: recevoir, transfigurer, offrir – c'est le plan de l'ouvrage – et demande au silence de te révéler ces trois visages de l'amour... Silence de l'émerveillement, silence des grands espaces ouverts sur l'infini (le bouquet n'est qu'un signe, un passage), silence de l'adoration car seul le silence peut dire toute la fragilité de l'homme et toute la beauté de Dieu.
Ne me réclame pas de techniques. Tu as un cœur habité par ton Créateur. Descends donc dans ton cœur avec tes deux livres, celui de la nature et celui des Ecritures. C'est la contemplation de ton Dieu créateur, rédempteur et Trinité d'amour qui engendrera ton œuvre, et ton œuvre à son tour sera source de contemplation. Cette pédagogie à la fois spirituelle et pratique, et qui t'apportera la joie de donner plénitude de sens aux intuitions fondamentales de l'Ikebana [1], prépare à tous les possibles de l'amour. Et ne va surtout pas recopier ce que tu vois ici: chaque support, chaque élément, chaque sanctuaire, chaque circonstance et nos personnalités diverses à chaque heure de leur évolution doivent susciter des créations nouvelles.

1. Art de l'arrangement floral au Japon.

Et si tu es appelé à œuvrer au service de Dieu et de l'Eglise dans la liturgie – je ne parle pas de décoration ornementale mais de cette composition qui ressemble à un buisson ardent offert par Dieu et à Dieu pour qu'Il puisse se manifester dans sa beauté, offert aussi au peuple rassemblé pour qu'il puisse y lire l'amour de son Dieu – je te propose cinq critères (très ouverts pour orienter ta créativité sans entraver son jaillissement) qui justifient la présence d'une telle composition dans l'espace de la célébration. Dans le temps de recherche où nous sommes, n'est-ce pas l'approche de ce « bouquet sacré » ou « liturgique » dont l'Eglise pourrait un jour énoncer les canons de composition... pour que les fleurs puissent communiquer avec le plus d'intensité possible leur souffle de louange en messagères d'Evangile ?

Dans l'approfondissement de ta méditation, tu tendras peut-être à te situer au plus précis des degrés de symbolisation que je vais exposer mais sache que tu peux toujours te reposer dans le simple rayonnement de la beauté comme tu peux prier à l'audition d'un choral harmonisé par J.-S. Bach sans déchiffrer toute la symbolique inscrite dans la partition. L'important c'est la lumière. Et qu'elle te transfigure ! Et ferme les yeux car elle vient de l'Avenir. Et qu'elle éclaire ta route de sainteté jusqu'au pays des mille mercis... que tu dois à Dieu qui t'a créé, sauvé et nous appelle au plus grand amour !

à Marie

Immaculée Conception

avec mes frères

il faut laisser parler les fleurs

mais laisse-moi t'accompagner

dans cette aventure

simple

puisqu'une fleur suffit

si tu veux bien la recevoir

la transfigurer

et l'offrir

**simple comme une promenade
mais aussi œuvre d'art
et engagement mystique**

si tu veux bien
devenir
cette fleur

viens

recevoir

ouvre le livre de la nature et respire

Dieu dit
Dieu vit que cela était beau

avance d'émerveillement

les yeux transfigurés

en émerveillement

à chaque brin d'herbe
à chaque fleur rencontrée
as-tu chanté ton Magnificat

en souvenir d'une fleur
qui t'avait rendu l'espoir

oui la glaise de ton art
c'est la vie
gratuitement donnée

alors tu as droit de cueillir
pour confier aux fleurs une mission nouvelle

mais d'abord
il te faut recueillir le souffle de la création
et habiter ce temple
car c'est tout l'univers
qu'il faut rassembler pour l'oblation

fais-toi proche des grands arbres

pour écouter le secret du monde

pour faire alliance avec le ciel
avec la terre

et commence à prier en silence
en te laissant engendrer

leurs souches matricielles

L'attente est longue dans la nuit,
Seigneur,
et le vent aigre de l'ennui
menace en nos cœurs la flamme ;
brillera-t-elle encore
pour éclairer ton visage
quand tu frapperas à notre porte ?

et prends le rythme des saisons

le semeur

que tu es beau
mon Dieu bon
que tu es beau!

et regarde

l'arbre mort a refleuri

d'un regard transfigurant

et n'oublie pas
ce que tu vois

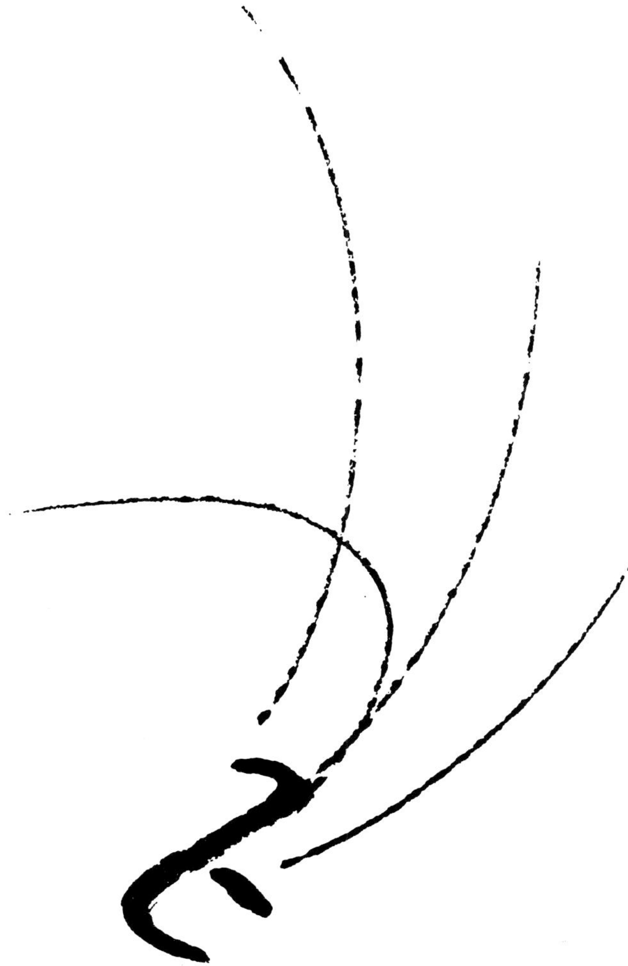

le cœur

celui du Fils venu nous rassembler

danse

vent

eau

le mouvement de l'Esprit

croissance

**et l'ouverture
sur l'infini du Père**

déjà tu sais tout

la terre reflète le ciel

à toi la grâce du symbole!

la création proclame l'amour créateur...
voici ton premier critère
d'art floral dans la liturgie:
tu recueilles les dons de la création

Jésus tressaille de joie

reçois le Père, le Fils et l'Esprit Saint

Dieu avec nous, Dieu en nous

pour œuvrer ensemble :

transfigurer

fugue florale pour l'Avent
– troisième entrée –

s'il fait beau dans ton cœur

fugue florale pour l'Avent
– troisième entrée –

s'il fait beau dans ton cœur

sois peintre

nuances

violence

convoque tous les arts

dans le temple

que tes bras ont bâti

Nativité de Marie
sur notre terre
de mort et de sang
paraît la nouvelle Eve
qui donnera la vie au monde

ô mon sculpteur

porte le monde
rejette le mal
combats

et danse

dessine avec tes herbes
et joue

horizontale

verticale

mais cherche toujours
la relation juste
chacun aimé pour lui-même
devenant lui-même
dans l'amitié

quatuor

et toujours apparaîtra
la signature
de la croix

plénitude de l'espace

et du temps

déjà là
et pas encore

et clé du livre des Ecritures

toutes les fleurs parlent de Dieu créateur
tous les bouquets de Dieu sauveur
mais

tu veux lui offrir le plus rayonnant jardin

voici que je fais l'univers nouveau

et voici ton second critère d'art floral dans la liturgie
la beauté, maintenant comme éclat de la nature humanisée,
transfigurée
proclame le Souffle rédempteur

pour l'épiphanie de sa beauté... et à tes frères

modèle, toi qui as été modelé

une vision lisible des mystères révélés

recrée, toi qui as été recréé

Toussaint – la lettre « S » enluminée –

terre et ciel réconciliés

Dieu en l'homme et l'homme en Dieu

Corps et Sang du Christ
quand Dieu se donne
dans le pain
l'humanité est élevée
en gloire

racines ou panier
grès ou rocher
c'est la terre de tes mains

quand la beauté du monde
laisse entrevoir la beauté de Dieu

c'est le premier degré de symbolisation

tu es là sur l'esplanade éblouie

que ma prière

devant toi
s'élève comme un encens

surabondance

mais tu peux évoquer
les paysages de l'âme, les traces du pèlerinage, les paroles proférées
c'est le deuxième degré de symbolisation

tu entres dans le sanctuaire

et voici le troisième degré de symbolisation chaque élément représente une réalité définie

ta prière sera vraiment chrétienne
si tu réponds au jeu de l'Alliance
si tu entres dans le mouvement pascal
et trinitaire
avec un cœur universel

tu communies à l'autel

deux, les noces
l'incarnation rédemptrice

un, le Dieu unique

dans la liturgie, tes évocations seront bibliques (3e critère) et tes signes, tu les choisis selon la tradition de l'Eglise (4e critère)

trois, la Trinité

Le Christ, Roi de l'univers

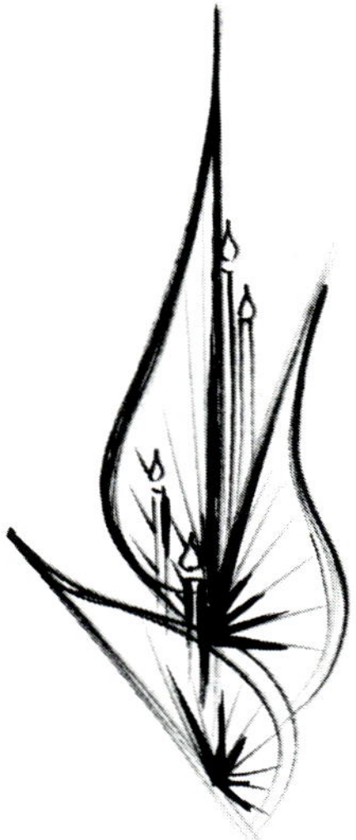

et les cinq plaies du Sauveur

quatre
l'univers créé

sept. plénitude sacrée

nombres

et couleurs

Ascension

le Christ
à jamais présent à son Eglise
– 12 tulipes jaunes –
donne la vie de sa résurrection
par le baptême et l'eucharistie
– 8 œillets blancs
et 8 tulipes rouges –

Jeudi Saint

nature des éléments

et formes

toujours libres et ouvertes

coupe, cercle, triangle
croix...

Pentecôte

dans le déploiement des fêtes

ou la sobriété quotidienne

au fil des dimanches

ils viendront du Levant et du Couchant au festin du Royaume

ou de ta méditation

Cantique des cantiques

tu donnes à voir

j'ai demandé une chose au Seigneur : admirer le Seigneur dans sa beauté (ps. 26)

et tu entraînes la communauté célébrante
ou l'orant solitaire
à la rencontre du Seigneur

livre sa vie

qui regarde le cœur

annonce sa venue dans la gloire

et de sa Mère très sainte

Visitation

toujours présente

Pentecôte

dans l'attente de l'Avent
vers Noël

cinq variations pour trois pierres et trois bois

le Christ au désert

sur la montagne

au puits de Jacob

dans la marche du Carême

et ressuscitant Lazare

jusqu'à Pâques

et dans ton service qu'elle te soutienne

Assomption
Marie, arche de l'Alliance nouvelle

et qu'intérieurement
elle t'apprenne

comment

offrir

c'est l'élan spontané de l'enfant
«tiens, c'est pour toi!»

il n'y a pas d'amour sans offrande

l'art floral
trouve alors profondément dans la liturgie
sa place et son sens (5e critère)

maintenant tu dis merci à Dieu

et te fais passer
du temple de pierre au temple du corps

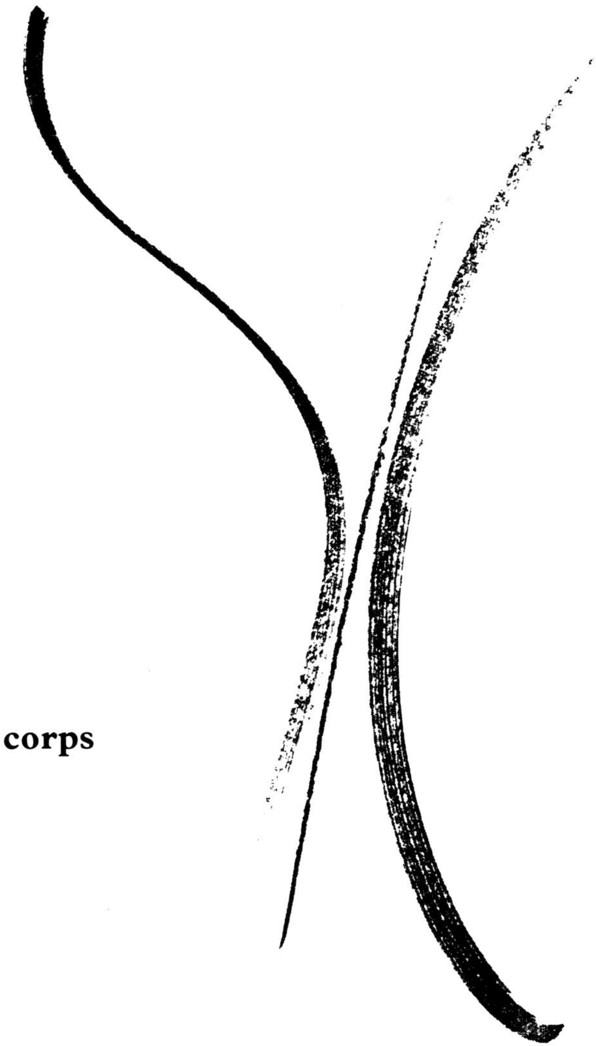

ce que tu as fait de plus beau c'est pour Lui

comme la pluie et la neige
descendent des cieux
Isaïe 55, 10-11

c'est pour elle

Dieu te reçoit

laisse donc les fleurs
animer le repas de ta naissance et de tes noces

la beauté de la nature transfigurée par l'art
et déjà sacralisée par le message qu'elle transmet
devient pleinement religieuse
si tu donnes à Dieu le don de Dieu

pour un bonheur d'Eglise

et t’orienter

et te déposer sur l'autel

elle te parlait de Lui

Il te disait…

et maintenant c'est toi…

en vérité c'est Lui qui s'offre à nous

son Cœur
est notre cœur

et se laisse offrir à Lui-même

par nos mains

viens donc au pays du silence

Annonciation

pour adorer

dans ce dépouillement
ta recherche se fait plus contemplative
ton agir plus précis
et ton offrande t'emporte au-delà

alors tu l'entendras te dire

merci

il t'a cueilli
transfiguré
offert

car cette fleur

qui passe

toute fleur t'enseignera l'art de disparaître
pour qu'apparaisse
le Transfiguré

c'est toi

son rêve

sa joie

et le visage de son éternelle Beauté

dans le jardin de la Résurrection
«je monte vers mon Père
et votre Père.»

rassemblement

Ces trois étapes

sont une aventure

d'amour

et de transfiguration

dans le temple

Elle rassemble les âges de la vie

et peut devenir le temps d'une rencontre de Dieu

notre Dieu si beau

Si tu œuvres en Eglise au service de Dieu, voici cinq critères qui justifient l'art floral dans la célébration liturgique

et n'oublie jamais que tu joues la parabole de ta vie

RECEVOIR	TRANSFIGURER	OFFRIR
de simple émerveillement	mais aussi artistique	et mystique
réceptif	créatif	oblatif
avec un regard transfiguré et transfigurant	tu fais œuvre de transfiguration	... et tu passes au face à face avec le Transfiguré
de la nature	bâti de mains d'hommes	de pierres vivantes
enfance	âge adulte	approche du passage
perçu comme Source, Dieu créateur qui donne naissance	perçu comme Partenaire, Dieu-avec-nous, Dieu sauveur qui fait de nous des hommes nouveaux dans une vie d'alliance	perçu comme Océan, Trinité d'amour qui accueille à l'infini
tu vois qu'Il est beau – Il le manifeste par la beauté de sa création	tu fais voir qu'Il est beau par la beauté naturelle humanisée par l'art et sacralisée par le message religieux A – *premier degré de symbolisation* – la beauté de la composition est signe de la beauté de Dieu B – *second degré de symbolisation* – les formes, les couleurs, la nature des éléments, les nombres... peuvent être choisis pour évoquer de façon globale des réalités religieuses... C – *troisième degré de symbolisation* – ... ou pour les représenter de façon plus précise	tu fermes les yeux – tu sais qu'Il est beau d'une beauté au-delà de toute beauté
(1) reçois les éléments naturels de la création en signe de Dieu créateur	(2) transfigure par l'art les éléments naturels de la création en signe de Dieu rédempteur qui fait de nous des transfigurés – fais apparaître la beauté du Souffle créateur – fais apparaître la beauté du Souffle re-créateur – fais apparaître la beauté de l'Amour trinitaire (3) si tu veux évoquer des attitudes d'âme, des événements... ils seront religieux, bibliques (4) choisis tes symboles selon la tradition de l'Eglise pour qu'ils soient lisibles par l'assemblée célébrante	(5) la composition florale est en situation d'offrande à sa juste place dans l'espace de la célébration
laisse-toi cueillir	... transfigurer	... offrir !

pédagogie pratique

EN CONTEMPLANT DIEU CRÉATEUR

▲ c'est **dans la création** de Dieu
que tu choisis les éléments pour ta composition
et ces éléments engendreront la structure de cette composition
qui peut conjointement recevoir son orientation
de ta méditation des Ecritures

choisis justement ton support, inspirant et unifiant
p. 29, 30, 31, 32, 40, 60, 61...

• pour exprimer que ton Dieu est créateur
mets bien en place **la terre, l'homme et le ciel**
p. 16, 28, 29, 66, 117.

▪ tu peux aussi placer **le nombre 1**
... il n'y a qu'un seul Dieu
p. 29, 52, 55, 71, 86...

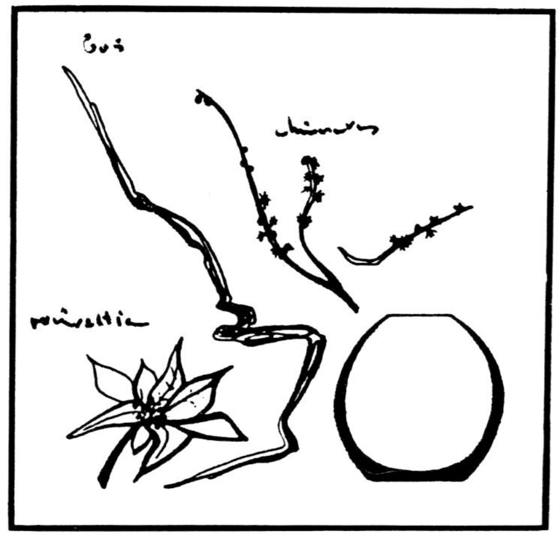

EN CONTEMPLANT DIEU RÉDEMPTEUR

▲ par **la transfiguration artistique** tu exprimes l'amour rédempteur et tu composes avec les couleurs

p. 46, 47, 60, 64, 67, 70, 99...

les surfaces

p. 32, 52, 53, 72, 73, 89...

les volumes

p. 48, 63, 85...

la nature des éléments

p. 64, 71, 81...

les nombres...

«4» p. 7, 53, 67... «7» p. 47, 60, 69...
«5» p. 11 et 67 «8» p. 70, 87...
«6» p. 51 et 77 «12» p. 70, 73..
voir aussi p. 29, 33, 73...
la réunion des nombres

• en laissant paraître **la croix**
– *verticale et horizontale qui donnent équilibre à ta composition* –
car c'est par la croix
que l'Homme-Dieu a réconcilié la terre et le ciel

p. 8, 35, 41, 53, 55, 73, 91...

▪ tu peux aussi placer **le nombre 2**
signe nuptial de l'union de Dieu et de l'homme
dans l'incarnation rédemptrice

p. 41, 60, 66, 75, 94

EN CONTEMPLANT DIEU TRINITÉ

▲ le principe ternaire (terre-homme-ciel)
évangélisé par la croix (révélation de l'amour)
et maintenant **l'acte d'offrande**
laissent entrevoir l'amour trinitaire de Dieu

• mais ta composition, fais-la rayonner
de l'empreinte de Dieu-Trinité
et lui donnant

un cœur p. 29, 33, 38, 78, 99...
du mouvement p. 26, 39, 40, 75, 76...
et l'ouverture sur l'infini p. 11, 41, 50, 91, 107...

▪ tu peux aussi placer **le nombre 3 !**

p. 7, 59, 66, 74, 103...

parcours liturgique

DIMANCHES

FÊTES

SOMMAIRE

et encore ce petit bouquet

en signe de gratitude

pour vous tous
qui avez participé
à la réalisation de ce livre

par votre prière,
vos conseils, vos encouragements, votre travail,
vos cadeaux de fleurs, de photos,
– p. 50 Dana Pérez dansant, par Cl. Mouchot
et de vases
– p. 51 Atelier des moniales bénédictines de La Rochette
– p. 67 (le pichet) Atelier des moines de La Pierre-qui-vire

merci à la Commission Francophone Cistercienne
pour le texte du tropaire pour le 19e dimanche C, page 31
(« Tropaires des dimanches » au Livre d'Heures d'En Calcat)

aux éditions du Centurion
pour l'autorisation de reproduire les graphismes (p. 5, 26, 56 et 93)
qui illustrent « Prières au fil des heures »

à Sr Jean-Gabriel Erdinger et aux presses de la SAEP à Ingersheim
pour l'autorisation de reproduire les compositions des p. 76 et 79
déjà parues dans « Liturgie des Fleurs »

Achevé d'imprimer en novembre 1989
sur les presses de l'Imprimerie Saint-Paul
55000 Bar le Duc, France
Photogravure : Vanves Offset-Graphic
Dépôt initial : juin 1988
Dépôt légal : novembre 1989
ISBN 2-85049-412-7
N° 10-89-983

DANS LA MÊME COLLECTION

John Pole: *Au cœur des villes, au cœur de Dieu.*

Tout au long de ces 96 pages, l'Auteur présente d'une manière originale la profondeur spirituelle d'une vie monastique vécue au cœur d'une cité bouillonnante et contrastée.

Il nous fait prendre conscience que tout baptisé engagé dans une vie citadine peut vivre dans le cœur de Dieu.

96 pages en couleurs
145 F